AF236106

„unterwegs sein"

Lyrik vom Barock bis zur Gegenwart

Erweiterungsband für den Leistungskurs

Deutsch

Bibliographische Information der deutschen Nationalbibliothek:

Die deutsche Nationalbibliothek verzeichnet diese Publikation in der deutschen Nationalbibliographie; detaillierte bibliographische Daten sind im Internet unter http:// dnb.dnb.de abrufbar.

Herstellung und Verlag:

BoD- Books on Demand, Norderstedt

ISBN: 9783752824032

Niklas Discher, Abitur an einem staatlich anerkannten privaten Gymnasium; Studium Germanistik/ Historik (Sek.II) in Wuppertal.

I. Inhalt

II. „Reisen ist tödlich für Vorurteile",
Mark Twain

Seit Menschengedenken sind wir unterwegs. Der Mensch schien gar ein Reisetier: waren wir doch vor der Sesshaftwerdung ständig unterwegs. Denn: In jeder Zeit wurde gereist. Die Motive des Unterwegssein haben sich seitdem nur wenig verändert: Kulturen kennenlernen, um das Neue zu erleben; aber auf der anderen Seite auch das Unterwegssein als Flucht.

Dabei hat Reisen seit jeher etwas Besonderes inne: „Wer reist, sehnt sich nach größeren Räumen, nach anderer kultureller Temperatur, wer reist, ist sinnhungrig und kann sich am Bestehenden nicht sättigen. Wer reist, hofft darauf, hinter der nächsten Wegkuppe warte etwas auf ihn, vielleicht, dass er sich's ergänzen kann zum Torso seines eigenen Lebens." (Staude: 2005, S.11)

Ob es die Entdeckungsreise des europäischen Mittelalters oder gerade der Neuzeit sind, die Expeditionen des 18. Jahrhunderts, oder selbst gar die Kolonialabenteuer im ausgehenden 19. Jahrhundert, immer war der Mensch getrieben das Neue und Fremde zu erkunden und zu skizzieren.

Literarisch ist der Reisebericht seit frühster Zeit bekannt, auch wenn den meisten Schülern oft nur noch Goethes Italienreisen ein Begriff sind.

Von der frühsten Reiseliteratur, wie beispielsweise Homers Odyssee, welche weit über 2500 Jahre alt ist, bis zu den Reiseberichten heute, die in Zeitungen und Magazinen, oder gar in Internetblogs, zum Fernweh verführen.

Wenn Mark Twain bemerkt Reisen sei tödlich für Vorurteile, dann gelingt es ihm in wenigen Worten die positiven Aspekte einer Reise aufzuführen: die Erweiterung des Horizontes zum Beispiel. Doch wer Reisen mag, braucht eine Heimat, denn, dem überall Fremden fehlt es an Gemeinschaft.

In der deutschen Literatur ist sicher die Romantik eine zentrale Epoche der Reiseliteratur, war doch Fremde und Fernweh, oftmals realisiert durch das Motiv des

Wanderns, ein zentrales Anliegen vieler romantischer Autoren.

Dabei darf aber das Thema „unterwegs sein" nicht nur auf die ästhetische Reiseliteratur reduziert werden, denn es umfasst mehr: das unterwegs sein im Alltag, die Lebensreise, aber auch das unterwegs sein als innere oder äußere Flucht oder in das Exil.

„unterwegs sein" Lyrik vom Barock bis zur Gegenwart ist ab 2018/19 obligatorisches Thema des Zentralabiturs NRW im Grund- und Leistungskurs Deutsch.
Dieser Band bietet eine optimale Ergänzung für den erhöhten Anforderungsbereich des Leistungskurses durch zusätzliche Gedichttexte, die ein komplexeres Anforderungsniveau erfüllen.

Referenzen: STAUDE, D. (2005): Lebendiges Philosophieren. Philosophische Praxis im Alltag.

II.   Zugänge

Wer durch reisen klüger werden will,
darf sich nicht selbst mitnehmen.
(Sokrates (470 – 399 v. Chr.))

Reisen ist in der Jugend ein Teil der Erziehung,
im Alter ein Teil der Erfahrung.
(Francis Bacon (1561 – 1626))

Wenn ein Esel auf Reisen geht,
wird er nicht als Pferd zurück kommen.
(Thomas Fuller (1608 – 1661))

Bleibe nicht an Boden haften,
frisch gewagt und frisch heraus!
Kopf und Arm mit heit'ren Kräften,
überall sind sie zu Haus.
Wo wir uns der Sonne freuen
Sind wir jede Sorge los.
Dass wir uns in ihr zerstreuen,
darum ist die Welt so groß.
(Johann Wolfgang von Goethe (1749 – 1832))

Nur aufs Ziel zu sehen, verdirbt die Lust am Reisen.
(Friedrich Rückert (1788 – 1866))

Erst die Fremde lehrt uns, was wir an der Heimat haben.
(Theodor Fontane (1819 – 1898))

Manche Menschen reisen hauptsächlich in den Urlaub, um Ansichtskarten zu kaufen, obwohl es doch vernünftiger wäre, sich diese Karten kommen zu lassen.
(Robert Musil (1880 – 1942))

Als deutscher Tourist im Ausland steht man vor der Frage, ob man sich anständig benehmen muss oder ob schon deutsche Touristen dagewesen sind.
(Kurt Tucholsky (1890 – 1935))

Auswahl aus:
https://unterunterwegs.wordpress.com/2006/12/19/zitatensammlung-rund-ums-reisen/

Heinrich Heine: Reisebilder (Auszüge) (1835)

Die Tiroler sind schön, heiter, ehrlich, brav, und von unergründlicher Geistesbeschränktheit. Sie sind eine gesunde Menschenrasse, vielleicht weil sie zu dumm sind, um krank sein zu können. Auch eine edle Rasse möchte ich sie nennen, weil sie sich in ihren Nahrungsmitteln sehr wählig und in ihren Gewöhnungen sehr reinlich zeigen; nur fehlt ihnen ganz und gar das Gefühl von der Würde der Persönlichkeit. Der Tiroler hat eine Sorte von lächelndem humoristischen Servilismus, der fast eine ironische Färbung trägt, aber doch grundehrlich gemeint ist. Die Frauenzimmer in Tirol begrüßen dich so zuvorkommend freundlich, die Männer drücken dir so derb die Hand, und gebärden sich dabei so putzig herzlich, dass du fast glauben solltest, sie behandelten dich wie einen nahen Verwandten, wenigstens wie ihresgleichen; aber weit gefehlt, sie verlieren dabei nie aus dem Gedächtnis, dass sie nur gemeine Leute sind, und dass du ein vornehmer Herr bist, der es gewiss gern sieht, wenn gemeine Leute ohne Blödigkeit sich zu ihm herauflassen. Und darin haben sie einen naturrichtigen Instinkt; die starrsten Aristokraten sind froh, wenn sie Gelegenheit finden zur Herablassung, denn dadurch eben fühlen sie, wie hoch sie gestellt sind. Zu Hause üben die Tiroler diesen Servilismus gratis, in der Fremde suchen sie auch noch dadurch zu lukrieren. Sie geben ihre Persönlichkeit preis, ihre Nationalität. Diese bunten Deckenverkäufer, diese muntern Tiroler Bua, die wir in ihrem Nationalkostüm herumwandern sehen, lassen gern ein Späßchen mit sich treiben, aber du musst ihnen auch etwas abkaufen. Jene Geschwister Rainer, die in England gewesen, haben es noch besser verstanden, und sie hatten noch obendrein einen guten Ratgeber, der den Geist der englischen Nobility gut kannte. Daher ihre gute Aufnahme im Foyer der europäischen Aristokratie, in the west-end of the town. Als ich vorigen Sommer in den glänzenden Konzertsälen der Londoner fashionablen Welt diese Tiroler Sänger, gekleidet in ihre heimatliche Volkstracht, das Schaugerüst betreten sah, und von da herab jene Lieder hörte, die in den Tiroler Alpen so naiv und fromm gejodelt werden, und uns auch ins norddeutsche Herz so lieblich hinabklingen – da verzerrte sich alles in meiner Seele zu bitterem Unmut, das gefällige Lächeln vornehmer Lippen stach mich wie Schlangen, es war mir, als sähe ich die Keuschheit des deutschen Wortes aufs roheste beleidigt, und die süßesten Mysterien des deutschen Gemütslebens vor fremdem Pöbel profaniert. Ich habe nicht mitklatschen können bei dieser schamlosen Verschacherung des Verschämtesten, und ein Schweizer, der gleichfühlend mit mir den Saal verließ, bemerkte ganz richtig: »Wir Schwyzer geben auch viel fürs Geld, unsere besten Käse und unser bestes Blut, aber das Alphorn können wir in der Fremde kaum blasen hören, viel weniger es selbst blasen für Geld.« (Kap.48)

Ich freute mich wirklich, schon gleich bei meiner Ankunft in Italien eine gute Bekanntschaft gemacht zu haben, und hätten mich nicht wichtige Gefühle nach Süden gezogen, so wäre ich vorderhand in Trient geblieben, bei der guten Obstfrau, bei den guten Feigen und Mandeln, bei dem kleinen Glöckner, und soll ich die Wahrheit sagen, bei den schönen Mädchen, die rudelweise vorbeiströmten. Ich weiß nicht, ob andere Reisende hier das Beiwort »schön« billigen werden; mir aber gefielen die Trienterinnen ganz ausnehmend gut. Es war just die Sorte, die ich liebe: − und ich liebe diese blassen, elegischen Gesichter, wo die großen, schwarzen Augen so liebeskrank herausstrahlen; ich liebe auch den dunkeln Teint jener stolzen Hälse, die schon Phöbos geliebt und braun geküsst hat; ich liebe sogar jene überreife Nacken, worin purpurne Pünktchen, als hätten lüsterne Vögel daran gepickt; vor allem aber liebe ich jenen genialen Gang, jene stumme Musik des Leibes, jene Glieder, die sich in den süßesten Rhythmen bewegen, üppig, schmiegsam, göttlich liederlich, sterbefaul, dann wieder ätherisch erhaben, und immer hochpoetisch. Ich liebe dergleichen, wie ich die Poesie selbst liebe, und diese melodisch bewegten Gestalten, dieses wunderbare Menschenkonzert, das an mir vorüberrauschte, fand sein Echo in meinem Herzen, und weckte darin die verwandten Töne.

Es war jetzt nicht mehr die Zaubermacht der ersten Überraschung, die Märchenhaftigkeit der wildfremden Erscheinung, es war schon der ruhige Geist, der, wie ein wahrer Kritiker ein Gedicht liest, jene Frauenbilder mit entzückt besonnenem Auge betrachtete. Und bei solcher Betrachtung entdeckt man viel, viel Trübes, den Reichtum der Vergangenheit, die Armut der Gegenwart und den zurückgebliebenen Stolz. Gern möchten die Töchter Trients sich noch schmücken wie zu den Zeiten des Konziliums, wo die Stadt blühte in Samt und Seide; aber das Konzilium hat wenig ausgerichtet, der Samt ist abgeschabt, die Seide zerfetzt, und den armen Kindern blieb nichts als kümmerlicher Flitterstaat, den sie in der Woche ängstlich schonen, und womit sie sich nur noch des Sonntags putzen. Manche aber entbehren auch dieser Reste eines verschollenen Luxus, und müssen sich mit allerlei ordinären und wohlfeilen Fabrikaten unsers Zeitalters behelfen. Da gibt es gar rührende Kontraste zwischen Leib und Kleid; der feingeschnittene Mund scheint fürstlich gebieten zu dürfen, und wird höhnisch überschattet von einem armseligen Basthut mit zerknitterten Papierblumen, der stolzeste Busen wogt in einer Krause von plump falschen Garnspitzen, und die geistreichsten Hüften umschließt der dümmste Kattun. Wehmut, dein Name ist Kattun, und zwar braungestreifter Kattun! Denn ach! nie hat mich etwas wehmütiger gestimmt, als der Anblick einer Trienterin, die an Gestalt und Gesichtsfarbe einer marmornen Göttin glich, und auf diesem antik edlen Leib ein Kleid

von braungestreiftem Kattun trug, so dass es aussah, als sei die steinerne Niobe plötzlich lustig geworden, und habe sich maskiert in unsere moderne Kleintracht, und schreite bettelstolz und grandios unbeholfen durch die Straßen Trients.
(Kap.56)

»Kennst du das Land, wo die Zitronen blühen?«
Kennst du das Lied? Ganz Italien ist darin geschildert, aber mit den seufzenden Farben der Sehnsucht. In der »Italienischen Reise« hat es Goethe etwas ausführlicher besungen, und wo er malt, hat er das Original immer vor Augen und man kann sich auf die Treue der Umrisse und der Farbengebung ganz verlassen. Ich finde es daher bequem, hier ein für allemal auf Goethes »Italienische Reise« hinzudeuten, umso mehr da er, bis Verona, dieselbe Tour, durch Tirol, gemacht hat. Ich habe schon früherhin über jenes Buch gesprochen, ehe ich den Stoff den es behandelt, gekannt habe, und ich finde jetzt mein ahnendes Urteil vollauf bestätigt. Wir schauen nämlich darin überall tatsächliche Auffassung und die Ruhe der Natur. Goethe hält ihr den Spiegel vor, oder, besser gesagt, er ist selbst der Spiegel der Natur. Die Natur wollte wissen, wie sie aussieht, und sie erschuf Goethe. Sogar die Gedanken, die Intentionen der Natur vermag er uns widerzuspiegeln, und es ist einem hitzigen Goethianer, zumal in den Hundstagen, nicht zu verargen, wenn er über die Identität der Spiegelbilder mit den Objekten selbst so sehr erstaunt, dass er dem Spiegel sogar Schöpfungskraft, die Kraft, ähnliche Objekte zu erschaffen, zutraut. Ein Herr Eckermann hat mal ein

Buch über Goethe geschrieben, worin er ganz ernsthaft versichert: hätte der liebe Gott bei Erschaffung der Welt zu Goethe gesagt, »lieber Goethe, ich bin jetzt gottlob fertig, ich habe jetzt alles erschaffen, bis auf die Vögel und die Bäume, und du tätest mir eine Liebe, wenn du statt meiner diese Bagatellen noch erschaffen wolltest« – so würde Goethe, ebenso gut wie der liebe Gott, diese Tiere und Gewächse ganz im Geiste der übrigen Schöpfung, nämlich die Vögel mit Federn, und die Bäume grün erschaffen haben.

Es liegt Wahrheit in diesen Worten, und ich bin sogar der Meinung, dass Goethe manchmal seine Sache noch besser gemacht hätte, als der liebe Gott selbst, und dass er z. B. den Herrn Eckermann viel richtiger, ebenfalls mit Federn und grün erschaffen hätte. Es ist wirklich ein Schöpfungsfehler, dass auf dem Kopfe des Herrn Eckermann keine grünen Federn wachsen, und Goethe hat diesem Mangel wenigstens dadurch abzuhelfen gesucht, dass er ihm einen Doktorhut aus Jena verschrieben und eigenhändig aufgesetzt hat.

Nächst Goethes »Italienischer Reise«, ist Frau von Morgans »Italien« und Frau von Staëls »Corinna« zu empfehlen. Was diesen Frauen an Talent fehlt, um neben Goethe nicht unbedeutend zu erscheinen, das ersetzen sie durch männliche Gesinnungen, die jenem mangeln. Denn, Frau v. Morgan hat wie ein Mann gesprochen, sie sprach Skorpionen in die Herzen frecher Söldner, und mutig und süß waren die Triller dieser flatternden Nachtigall der Freiheit. Ebenso, wie männiglich bekannt ist, war Frau v. Staël eine liebenswürdige Marketenderin im Heer der Liberalen, und lief mutig durch die Reihen der Kämpfenden mit ihrem Enthusiasmusfäßchen, und stärkte die Müden, und focht selber mit, besser als die Besten.

Was überhaupt italienische Reisebeschreibungen betrifft, so hat W. Müller vor geraumer Zeit im »Hermes« eine Übersicht derselben gegeben. Ihre Zahl ist Legion. Unter den ältern deutschen Schriftstellern in diesem Fache sind, durch Geist oder Eigentümlichkeit, am ausgezeichnetsten: Moritz, Archenholz, Bartels, der brave Seume, Arndt, Meyer, Benkowitz und Rehfus. Die neueren kenne ich weniger, und nur wenige davon haben mir Vergnügen und Belehrung gewährt. Unter diesen nenne ich des allzu früh verstorbenen W. Müllers »Rom, Römer und Römerinnen« – ach, er war ein deutscher Dichter! – dann die »Reise von Kephalides«, die ein bisschen trocken ist, ferner Leßmanns »Cisalpinische Blätter« die etwas zu flüssig sind, und endlich die »Reisen in Italien seit 1822, von Friedrich Thiersch, Lud. Schorn, Eduard Gerhardt und Leo v. Klenze«; von diesem Werke ist erst ein Teil erschienen, und er enthält meistens Mitteilungen von meinem lieben, edlen Thiersch, dessen humanes Auge aus jeder Zeile hervorblickt.

(Kap. 62)

III.   Texte

a) Unterwegs sein. Ergänzende Gedichte in ihrer Chronologie

Johann Wolfgang von Goethe: Vorrede Elegien I. (1795)

Saget, Steine, mir an, o sprecht, ihr hohen Paläste!
    Straßen, redet ein Wort! Genius, regst du dich nicht?
Ja, es ist alles beseelt in deinen heiligen Mauern,
    Ewige Roma; nur mir schweiget noch alles so still.
O wer flüstert mir zu, an welchem Fenster erblick ich
    Einst das holde Geschöpf, das mich versengt und erquickt?
Ahn' ich die Wege noch nicht, durch die ich immer und
immer,
    Zu ihr und von ihr zu gehn, opfre die köstliche Zeit?
Noch betracht' ich Kirch' und Palast, Ruinen und Säulen,
    Wie ein bedächtiger Mann schicklich die Reise benutzt.
Doch bald ist es vorbei; dann wird ein einziger Tempel,
    Amors Tempel nur sein, der den Geweihten empfängt.
Eine Welt zwar bist du, o Rom; doch ohne die Liebe
    Wäre die Welt nicht die Welt, wäre denn Rom auch nicht
Rom.

Friedrich von Schiller: Die Antike an den nordischen Wanderer (1795)

Über Ströme hast du gesetzt und Meere durchschwommen,
    Über der Alpen Gebirg trug dich der schwindligte Steg,
Mich in der Nähe zu schaun und meine Schöne zu preisen,
    Die der begeisterte Ruf rühmt durch die staunende Welt;
Und nun stehst du vor mir, du darfst mich Heilge berühren,
    Aber bist du mir jetzt näher, und bin ich es dir?

Johann Gabriel Seidl: Der Wanderer an den Mond (ca. 1850)

Ich auf der Erd', am Himmel du,
Wir wandern beide rüstig zu:
Ich ernst und trüb, du mild und rein,
Was mag der Unterschied wohl sein?

Ich wandre fremd von Land zu Land,
So heimatlos, so unbekannt;
Berg auf, Berg ab, Wald ein, Wald aus,
Doch bin ich nirgend, ach! zu Haus.

Du aber wanderst auf und ab
Aus Ostens Wieg' in Westens Grab,
Wallst Länder ein und Länder aus,
Und bist doch, wo du bist, zu Haus.

Der Himmel, endlos ausgespannt,
Ist dein geliebtes Heimatland;
O glücklich, wer, wohin er geht,
Doch auf der Heimat Boden steht!

Heinrich Hoffmann von Fallersleben: Wanderlied (1870)

Vögel singen, Blumen blühen,
Grün ist wieder Wald und Feld.
O so laßt uns zieh'n und wandern
Von dem einen Ort zum andern
Durch die weite grüne Welt.

Wie im Bauer sitzt der Vogel,
Saßen wir noch jüngst zu Haus.
Aufgethan ist jetzt das Bauer,
Hin ist Winter, Kält' und Trauer,
Und wir fliegen wieder aus.

Freude lebt auf allen Wegen,
Um uns, mit uns, überall.
Freude säuselt aus den Lüften,
Hauchet aus den Blumendüften,
Tönt im Sang der Nachtigall.

Nun so laßt uns zieh'n und wandern
Durch den neuen Sonnenschein,
Durch die lichten Au'n und Felder,
Durch die dunkelgrünen Wälder
In die neue Welt hinein.

Hugo von Hofmannsthal: Reiselied (1898)

Wasser stürzt, uns zu verschlingen,
Rollt der Fels, uns zu erschlagen,
Kommen schon auf starken Schwingen
Vögel her, uns fortzutragen.

Aber unten liegt ein Land,
Früchte spiegelnd ohne Ende
In den alterslosen Seen.

Marmorstirn und Brunnenrand
Steigt aus blumigem Gelände,

Und die leichten Winde wehn.

Joseph Victor von Scheffel: Ausfahrt (1905)

Berggipfel erblühen,
Waldwipfel erblühen
Vom Lenzhauch geschwellt;
Zugvogel mit Singen
Erhebt seine Schwingen;
Ich fahr' in die Welt.

Mir ist zum Geleite
In lichtgoldnem Kleide
Frau Sonne bestellt;
Sie wirft meinen Schatten
Auf blumige Matten;
Ich fahr' in die Welt.

Mein Hutschmuck die Rose,
Mein Lager im Moose,
Der Himmel mein Zelt;
Mag lauern und kauern
Wer will, hinter Mauern;
Ich fahr' in die Welt.

Alfred Wolfenstein: Fahrt (1914)

Der D-Zug schreit und steigert sich, der Mond steht hell,
o Einklang unsrer Füße langsam, Füße schnell!
Die Herzen schlagen
auf blanker Schiene mit den Wagen.

Wir sind ein Schwarm dem spröden Schritt der Städte fern!
Ihr Häuser fort! Mit uns fährt eisern nur der Stern,
die Dörfer blinken,
von unserm Sturm verlöscht versinken.
Versenken wir das Aschengrau der Abendwelt!
Wie gutes Blut zerschmilzt der Zug was uns umstellt,
Gebirge gleiten
in Seen ... ins Meer der Schnelligkeiten.

Doch wir gezackt wie Wolken aus dem glatten Meer
mit einem Atem dampfen wir darüber her
und brausend sehen
wir brausendere Sterne ... stehen.

Seht auf, seht auf … da steigt und schreit und hebt der Zug
uns hoch in Glanz… das Gleis verstummt… die Nacht wird Flug

Wir alle flammen
im wildren Schmerz des Sterns zusammen!

Und nagelt uns die Bremse auf Stationen fest,
wir fahren noch…ins muffige Hotel gepresst….
aus Fenstern neigen
wir uns und sausen Sternenreigen!

Paul Boldt: In der Welt (1914)

Ich lasse mein Gesicht auf Sterne fallen,
Die wie getroffen auseinander hinken.
Die Wälder wandern mondwärts, schwarze Quallen,
Ins Blaumeer, daraus meine Blicke winken.

Mein Ich ist fort. Es macht die Sternenreise.
Das ist nicht Ich, wovon die Kleider scheinen.
Die Tage sterben weg, die weißen Greise.
Ichlose Nerven sind voll Furcht und weinen.

Georg Trakl: Am Moor (1915, letzte Fassung)

Wanderer im schwarzen Wind; leise flüstert das dürre Rohr
In der Stille des Moors. Am grauen Himmel
Ein Zug von wilden Vögeln folgt;
Quere über finsteren Wassern.

Aufruhr. In verfallener Hütte
Aufflattert mit schwarzen Flügeln die Fäulnis;
Verkrüppelte Birken seufzen im Wind.

Abend in verlassener Schenke. Den Heimweg umwittert
Die sanfte Schwermut grasender Herden,
Erscheinung der Nacht: Kröten tauchen aus silbernen
Wassern.

Joachim Ringelnatz: Segelschiffe (1932)

Sie haben das mächtige Meer unterm Bauch
Und über sich Wolken und Sterne.
Sie lassen sich fahren vom himmlischen Hauch
Mit Herrenblick in die Ferne.

Sie schaukeln kokett in des Schicksals Hand
Wie trunkene Schmetterlinge.
Aber sie tragen von Land zu Land
Fürsorglich wertvolle Dinge.

Wie das im Winde liegt und sich wiegt,

Tauweb überspannt durch die Wogen,
Da ist eine Kunst, die friedlich siegt
Und ihr Fleiß ist nicht verlogen.

Es rauscht wie Freiheit. Es riecht wie Welt. —
Natur gewordene Planken

Sind Segelschiffe. — Ihr Anblick erhellt
Und weitet unsre Gedanken.

b) EXTRA: Das Reisemotiv der Romantik

Das Reisen bzw. das Wandern ist eines der zentralen Motive der literarischen Romantik, denn die Romantiker sehnten sich nach der Ferne. Krisenhaften Zuständen wurden begegnet, indem man sich in die Melancholie der Ferne floh.

Das Wandern ist also Lebenserfahrung, Reflexion und Flucht zugleich.

Dabei kann Wandern aber auch eine Transzendenz erfahren, beispielsweise die Wanderung durch das (eigene) Leben, oder das Wandern in die Vergangenheit, wie beispielhaft das europäische Mittelalter, welches viele Romantiker idealisierten, da es durch klare Strukturen (Stände, Stadt und Land etc.) gekennzeichnet war.

Joseph von Eichendorff: Die blaue Blume (1840)

Ich suche die blaue Blume,
Ich suche und finde sie nie,
Mir träumt, dass in der Blume
Mein gutes Glück mir blüh.

Ich wandre mit meiner Harfe
Durch Länder, Städt und Au'n,
Ob nirgends in der Runde
Die blaue Blume zu schaun.

Ich wandre schon seit lange,
Hab lang gehofft, vertraut,
Doch ach, noch nirgends hab ich
Die blaue Blum geschaut.

Clemens Brentano: [Ich bin durch die Wüste gezogen] (1816)

Ich bin durch die Wüste gezogen,
Des Sandes glühende Wogen
Verbrannten mir den Fuß.
Die Sonne sog mir im Zorne
Das Wasser aus jedem Borne,
Es folgte kein Regenguß.
Ich dürste, es bringen die Dorne
Mein siedendes Blut in Fluß.

Aus zog ich mit sieben Kamelen,
Es lechzen unsere Kehlen,
Wie rette ich Weib und Kind.
Wo finde ich frische Quellen,
Die Schätze von Gold und Juwelen
Begrub im Sande der Wind.
Soll uns das Leben nicht fehlen,

O Himmel, regne geschwind!
Ich wühlte mit glühendem Schwerte
Den Kindern ihr Grab in der Erde,
Bis auf das letzte fürwahr!
Das ruht unterm Mutterherzen,
Bis sie es in Jammer und Schmerzen
Hinsterbend dem Tode gebar.
Es heult die Hyäne, doch erzen
Stellt mir sich das Schicksal dar.

Gern hätte ich Tränen getrunken,
Der Augen Quell ist versunken,
Oase wie liegst du so fern!
Vor Glut ist das Herz mir verglommen,
Das Ziel, ich fühl' es gekommen,
Ich rufe zum sinkenden Stern:
Der Herr hat gegeben, genommen,
Gelobt sei der Name des Herrn

Friedrich Rückert: Reiseziel (1822)

Nun ist das Leben an seinem Ziel,
und ohne Zweck war die Reise.
O Jüngling, rühre das Saitenspiel,
Schon morgen wirst du zum Greise.

Das lacke Schiff und der morsche Kiel
In Meeren ohne Geleise,
Der Winde Ball und der Wellen Spiel,

Unnütz gewirbelt im Kreise.
So viel gehofft und gewünscht so viel,
Getäuscht in jeglicher Weise,
Hindurch durchs ewige Widerspiel,
Gequält von Glut und von Eise.

Nun sinkt die Rose auf mattem Stiel,
Die Blätter fallen vom Reise,
Nun ist das Leben an seinem Ziel,
Und ohne Zweck war die Reise.

(Die Blätter fallen vom Reise= Die Blätter fallen vom dürren Zweig)

Ludwig Tieck: [Keinen hat es noch gereut] (1840?)

Keinen hat es noch gereut
Der das Roß bestiegen,
Um in frischer Jugendzeit
Durch die Welt zu fliegen.

Berge und Auen,
Einsamer Wald,
Mädchen und Frauen
Prächtig im Kleide,
Golden Geschmeide,
Alles erfreut ihn mit schöner Gestalt.

Wunderlich fliehen
Gestalten dahin,
Schwärmerisch glühen

Wünsche in jugendlich trunkenem Sinn.
Ruhm streut ihm Rosen
Schnell in die Bahn,
Lieben und Kosen,
Lorbeer und Rosen
Führen ihn höher und höher hinan.

Rund um ihn Freuden,
Feinde beneiden,
Erliegend, den Held --
Dann wählt er bescheiden
Das Fräulein, das ihm nur vor allen gefällt.

Und Berge und Felder
Und einsame Wälder
Mißt er zurück.
Die Eltern in Tränen,
Ach, alle ihr Sehnen --
Sie alle verreinigt das lieblichste Glück.

Sind Jahre verschwunden,
Erzählt er dem Sohn
In traulichen Stunden,
Und zeigt seine Wunden,
Der Tapferkeit Lohn.
So bleibt das Alter selbst noch jung,
Ein Lichtstrahl in der Dämmerung.

Joseph von Eichendorff: Der frohe Wandersmann (1822)

Wem Gott will rechte Gunst erweisen,
Den schickt er in die weite Welt;
Dem will er seine Wunder weisen
In Berg und Wald und Strom und Feld.
Die Trägen, die zu Hause liegen,
Erquicket nicht das Morgenrot,
Sie wissen nur von Kinderwiegen,
Von Sorgen, Last und Not um Brot.
Die Bächlein von den Bergen springen,
Die Lerchen schwirren hoch vor Lust,
Was sollt ich nicht mit ihnen singen
Aus voller Kehl und frischer Brust?
Den lieben Gott lass ich nur walten;
Der Bächlein, Lerchen, Wald und Feld
Und Erd und Himmel will erhalten,
Hat auch mein Sach aufs best bestellt!

c) EXTRA: Das Reisemotiv als Duktus von Flucht und Migration

Nikolaus Lenau: Abschied. Lied eines Auswandernden (1832/33)

Sei mir zum letztenmal gegrüßt,
Mein Vaterland, das, feige dumm,
Die Ferse dem Despoten küßt
Und seinem Wink gehorcht stumm.

Wohl schlief das Kind in deinem Arm,
Du gabst, was Knaben freuen kann;
Der Jüngling fand ein Liebchen warm;
Doch keine Freiheit fand der Mann.

Im Hochland streckt der Jäger sich
Zu Boden schnell, wenn Wildesschar
Heran sich stürzet fürchterlich;
Dann schnaubt vorüber die Gefahr:

Mein Vaterland, so sinkst du hin,
Rauscht deines Herrschers Tritt heran,
Und lässest ihn vorüberziehn
Und hältst den bangen Atem an. –

Fleug, Schiff, wie Wolken durch die Luft,
Hin, wo die Götterflamme brennt!
Meer, spüle mir hinweg die Kluft,
Die von der Freiheit noch mich trennt!

Du neue Welt, du freie Welt,
An deren blütenreichem Strand
Die Flut der Tyrannei zerschellt,
Ich grüße dich, mein Vaterland!

Max Herrmann- Neiße: Heimatlos (1936)

Wir ohne Heimat irren so verloren
und sinnlos durch der Fremde Labyrinth.
Die Eingebornen plaudern vor den Toren
vertraut im abendlichen Sommerwind.

Er macht den Fenstervorhang flüchtig wehen
und läßt uns in die lang entbehrte Ruh
des sichren Friedens einer Stube sehen
und schließt sie vor uns grausam wieder zu.

Die herrenlosen Katzen in den Gassen,
die Bettler, nächtigend im nassen Gras,
sind nicht so ausgestoßen und verlassen
wie jeder, der ein Heimatglück besaß

und hat es ohne seine Schuld verloren
und irrt jetzt durch der Fremde Labyrinth.
Die Eingebornen träumen vor den Toren
und wissen nicht, daß wir ihr Schatten sind

Else Lasker-Schüler: Die Verscheuchte (1934?)

Es ist der Tag im Nebel völlig eingehüllt,
Entseelt begegnen alle Welten sich-
Kaum hingezeichnet wie auf einem Schattenbild.

Wie lange war kein Herz zu meinem mild...
Die Welt erkaltete, der Mensch verblich.
Komm bete mit mir - denn Gott tröstet mich.

Wo weilt der Odem, der aus meinem Leben wich?
Ich streife heimatlos zusammen mit dem Wild
Durch bleiche Zeiten träumend - ja ich liebte dich...

Wo soll ich hin, wenn kalt der Nordsturm brüllt?
Die scheuen Tiere aus der Landschaft wagen sich
Und ich vor deine Tür, ein Bündel Wegerich.

Bald haben Tränen alle Himmel weggespült,
An deren Kelchen Dichter ihren Durst gestillt-
Auch du und ich.

d) EXTRA: Wunschorte des Reisens

August Graf von Platen: [Venedig liegt nur noch im Land der Träume] (1825)

Venedig liegt nur noch im Land der Träume,
Und wirft nur Schatten her aus alten Tagen,
Es liegt der Leu der Republik erschlagen,
Und öde feiern seines Kerkers Räume.

Die ehrnen Hengste, die durch salz'ge Schäume
Dahergeschleppt, auf jener Kirche ragen,

Nicht mehr dieselben sind sie, ach! sie tragen
Des korsikan'schen Überwinders Zäume.

Wo ist das Volk von Königen geblieben,
Das diese Marmorhäuser durfte bauen,
Die nun verfallen und gemach zerstieben?

Nur selten finden auf des Enkels Brauen
Der Ahnen große Züge sich geschrieben,
An Dogengräbern in den Stein gehauen.

**August Graf von Platen: [Weil da, wo Schönheit waltet,
Liebe waltet] (1825)**

Weil da, wo Schönheit waltet, Liebe waltet,
So dürfte Keiner sich verwundert zeigen,
Wenn ich nicht ganz vermöchte zu verschweigen,
Wie deine Liebe mir die Seele spaltet.

Ich weiß, daß nie mir dies Gefühl veraltet,
Denn mit Venedig wird sich's eng verzweigen:
Stets wird ein Seufzer meiner Brust entsteigen
Nach einem Lenz, der sich nur halb entfaltet.

Wie soll der Fremdling eine Gunst dir danken,
Selbst wenn dein Herz ihn zu beglücken dächte,
Begegnend ihm in zärtlichen Gedanken?

Kein Mittel giebt's, das mich dir näher brächte,
Und einsam siehst du meine Tritte wanken
Den Markus auf und nieder alle Nächte.

Friedrich Hebbel: Venedig (1845)

Wie ein verwirklichter Traum begrüßt dich das bunte Venedig,
Wenn du es flüchtig durchschiffst: nicht die versunkene Stadt
Glaubst du vor dir zu sehen, von welcher die Dichter erzählen,
Diese dünkt dir im Meer gleich von Tritonen erbaut,
Und du taumelst dahin, wie unter Korallen und Muscheln,
Und verwunderst dich nur, daß dich die Flut nicht ereilt.
Alles Uebrige paßt hinein in den Rahmen: der Doge,
Der sich den Wellen vermählt, und das vermummte Gericht,
Ja die Brücke der Seufzer, erscheinen dir hier so natürlich,
Wie in des Oceans Nacht Fische mit Sägen im Haupt.
Laß dir aber vom Führer berichten, wie Alles entstanden,
Und das phantastische Bild lös't in Vernunft sich dir auf!

V. Ausklänge

Ludwig Thoma: Sommeridylle (1910?)

Berge und Täler sind jetzt voll von Menschen,
Welche sich Urlaub genommen haben
Und an der reinen Luft der Kurorte
Sowohl sich als ihre Angehörigen laben.

Viele hört man mit Neugierde fragen,
Ob hier noch echte Wilderer wachsen,
Welche die wirklichen Gemsen töten.
Meistens sind diese Leute aus Sachsen.

Manche baden in dem klaren Gewässer,
Wobei erwachsene Töchter nicht geizen
Mit ihren Formen, von denen man füglich
Glaubt, daß sie den Junggesellen anreizen.

Ihre Mütter stricken indes im Garten,
Wo sie Kaffee mit Honig genießen
Und sich über die Dienstboten äußern,
Welche sie in der Stadt darin ließen.

Abgesondert sitzen die Ehemänner,
Welche sich gründlich dadurch erfrischen,
Daß sie nichts von den Frauen hören,
Sondern beim Skat ihre Karten mischen.

Auf den Ruhebänken am Seeufer
Sitzen zwei Richter, welche verdauen
Und anderen Leuten durch Fachsimpeln
Ihren Sommeraufenthalt versauen.

Friedrich von Hagendorn: Der Kuckuck und die Lerche (1748)

Den Kuckuck fragt die Lerche:
"Wie kommt es, sage mir,
Daß die gereisten Störche
Nicht schlauer sind, als wir?"
"Sie sollen uns beweisen,"
Erwidert er, und lacht,
"Daß nicht das viele Reisen
Die Dummen klüger macht."

Joachim Ringelnatz: Arm Kräutchen (1928)

Ein Sauerampfer auf dem Damm
stand zwischen Bahngeleisen,
machte vor jedem D-Zug stramm,
sah viele Menschen reisen.
Und stand verstaubt und schluckte Qualm,
schwindsüchtig und verloren,
ein armes Kraut, ein schwacher Halm,
mit Augen, Herz und Ohren.
Sah Züge schwinden, Züge nahen.
Der arme Sauerampfer
sah Eisenbahn um Eisenbahn,
sah niemals einen Dampfer.

VI. Hinweise zum unterrichtspraktischen Einsatz

Dieser Band bietet eine Ergänzung für den Leistungskurs passend zur Grundausgabe *Niklas Discher (Hrsg.): unterwegs sein. Lyrik vom Barock bis zur Gegenwart. Bod:2018. ISBN: 9783746076621.* Dabei versammelt dieser Band Texte, die ein gesteigertes Anforderungsniveau an den Rezipienten stellen und daher vornehmlich im Leistungskurs eingesetzt werden können. Dieser Band setzt eher epochale bzw. zeitgeschichtliche Aspekte und orientiert sich nicht so stark an der thematischen Gliederung der Grundausgabe. Um aber dennoch eine Synthese zwischen Grundausgabe und Lk-Additum zu gewährleisten, finden Sie hier noch einmal eine thematische Synopse der Texte.

Im ersten Teil des Bandes erhalten Sie wieder thematische Zugänge zum Komplex „unterwegs sein". Als ein zentrales Beispiel von Reiseliteratur wurden hier Auszüge aus Heinrich Heines *Reisebildern* gedruckt. Diese eignen sich besonders für den Einstieg im LK, zum Beispiel in Form eines Gruppenpuzzles.

Der Hauptteil umfasst vier Kapitel: zunächst werden zehn über die Grundausgabe hinausgehende Gedichte in chronologischer Form abgedruckt. Anschließend finden Sie drei Themenkapitel, wovon eines sich explizit der Epoche der Romantik widmet, da diese als die Zentralste für die Reiselyrik im deutschsprachigen Raum gelten kann. Diesem Umstand wird auch in der Grundausgabe, durch eine erhöhte Anzahl romantischer Texte, Rechnung getragen; für den Leistungskurs finden Sie hier jedoch eine Auswahl weiterer Texte. Auch die Kehrseite des ‚unterwegs seins', nämlich die, der Flucht bzw. des Auswanderns wird im Lk Band vertieft. Gerade vor dem Hintergrund des Spannungsfeldes Migration und Flucht der Gegenwart kann hier moderner alltagsbezogener Unterricht stattfinden. Zuletzt enthält der Hauptteil noch einige Gedichte zu Thema „Wunschorte"; dieser vielfältige Themenkomplex, der ganze Buchreihen füllen könnte, wird hier noch einmal prägnant aufbereitet.

Das letzte Kapitel ‚Ausklänge' bietet noch Gedichte, welche entweder von unbekannteren Autoren verfasst wurden, oder nicht ‚typischerweise' in einem Deutschbuch erwartet würden. Sie können zum Ausklang der Reihe, z.B. nach der Klausur die Unterrichtssentenz komplettieren.

Synopse zu den Kapiteln der Hauptausgabe:

Heine, H.: Reisebilder	Zugänge
Goethe, J.W. von: Elegien I	Unterwegs
Schiller, F. von: Die Antike an…	Unterwegs
Seidl, J.G.: Der Wanderer an…	Heimat
Fallersleben, H.H. von: Wanderlied	Unterwegs
Hofmansthal, H. von: Reiselied	Lebensreise
Scheffel, J.V. von: Ausfahrt	Aufbruch
Wolfenstein, A.: Fahrt	Reisemittel
Boldt, P.: In der Welt	Aufbruch
Ringelnatz, J. Segenschiffe / Arm Kräuztchen	Reisemittel
Eichendorff, J. von: Die blaue Blume/ Der frohe Wandersmann	Unterwegs
Brentano, C.: ich bin…	Lebensreise
Rückert, F. : Reiseziel	Lebensreise
Tieck, L.: Keinen hat…	Aufbruch
Lenau, N.: Abschied	Aufbruch
Herrmann-Neiße, M.: Heimatlos	Fremde und Exil
Lasker-Schüler, E. : die	Fremde und Exil

Verscheuchte	
Platen, A. Graf von: Venedig liegt …. / weil da…	Wunschorte
Hebbel, F.: Venedig	Wunschorte
Thoma, L.: Sommeridylle	-
Hagendorn, F. von: Der Kuckuck und die Lerche	-

VII. Literaturhinweise

Grundausgabe:

Niklas Discher (Hrsg.): unterwegs sein. Lyrik vom Barock bis zur Gegenwart. ISBN: 9783746076621. 6,75 EUR.

Ergänzend empfiehlt sich:

Niklas Discher: Wie analysiert man ein Gedicht? Deutsch Oberstufe. ISBN: 9783746097442. 10 EUR.

Niklas Discher: Prüfungstraining / Übungsklausuren „unterwegs sein" Zentralabitur NRW. GK/ LK (in Vorbereitung, voraustl. 07/2018). ISBN: 9783752838848

Forschungsliteratur:

Brenner, Peter J. (1990): Der Reisebericht in der deutschen Literatur.

Cosentino, Christine (1999) : Das Reisemotiv als Spiegel der Identitätsstabilisierung in der ostdeutschen Literatur Ende der neunziger Jahre.

Kurfeld, Klaus (2010): Die Reise als Utopie. Ethische und Politische Aspekte des Reisemotivs.

Link, Manfred (1963): Der Reisebericht als literarische Kunstform von Goethe bis Heine.

Volgger, Michael (2017): Aufmerksamkeit als Reisemotiv?

Außerdem von Niklas Discher erschienen:
Frank Wedekind: Mit allen Hunden gehetzt. Drama. Hrsg. von Niklas Discher.
64 Seiten.
ISBN: 9783744850520   Preis: 5,29 EUR

Bibliographie:

Heine, H.: Reisebilder	Heinrich Heine: sämtliche Schriften. A.O.
Goethe, J.W. von: Elegien I	Johann Wolfgang von Goethe: Sämtliche Werke in 36 Bänden. Stuttgart 1839.
Schiller, F. von: Die Antike an...	Friedrich von Schiller: Sämtliche Werke. Gedichte, Erzählungen, Übersetzungen. Stuttgart 1905.
Seidl, J.G.: Der Wanderer an...	aa.o.
Fallersleben, H.H. von: Wanderlied	Heinrich Hoffmann von Fallersleben: Gedichte. Hannover 1868.
Hofmansthal, H. von: Reiselied	Hugo von Hofmannsthal: Gesammelte Werke. Berlin 1924.
Scheffel, J.V. von: Ausfahrt	aa.O.
Wolfenstein, A.: Fahrt	Alfred Wolfenstein: Die gottlosen Jahre. Berlin 1914.
Boldt, P.: In der Welt	Paul Boldt: Junge Pferde. Leipzig 1914.
Ringelnatz, J. Segenschiffe / Arm Kräuztchen	Joachim Ringelnatz: Allerdings. Gedichte. U.a. aa.o.
Eichendorff, J. von: Die blaue Blume/ Der frohe Wandersmann	Joseph von Eichendorff: Werke. A.O.
Brentano, C.: ich bin...	Digitalisat. dt. Textarchiv.
Rückert, F. : Reiseziel	Friedrich Rückert: Östliche Rosen. Leipzig 1822.
Tieck, L.: Keinen hat...	Ludwig Tieck: Schriften. 28bd. Berlin 1828ff.
Lenau, N.: Abschied	Nikolaus Lenau: Schilflieder. Stuttgart 1832.
Herrmann-Neiße, M.: Heimatlos	Max Herrmann-Neiße: Gedichte. aa.O. 1936/41.
Lasker-Schüle, E. : die Verscheuchte	Else Lasker-Schüler: „Heimatlos". In: Die Sammlung Nr.7, 1934. Hrsg. von Klaus Mann.
Platen, A. Graf von: Venedig liegt .... / weil da...	August Graf von Platen: Gedichte o.O. 1834.
Hebbel, F.: Venedig	Friedrich Hebbel: Sämtliche Werke in zwölf Bänden. Leipzig o.J.
Thoma, L.: Sommeridylle	aa.O.
Hagendorn, F. von: Der Kuckuck und die Lerche	aa.O.

Erläuterung zur Edition:

[...] kein Originaltitel vorhanden, erster Vers

(o.T.) nicht als selbstständiges Gedicht erschienen

(Erscheinungsjahr?) Erscheinungsjahr spekulativ